不要打架

[英]亚尼内·阿莫斯/著　　[英]安娜贝尔·斯彭斯利/绘
[英]雷切尔·安德伍德/幼教顾问　　贾洪宝/译

知识产权出版社
全国百佳图书出版单位

写在前面的话

打架不是解决问题的方法。有时,你和朋友间发生争执是因为你们的需求不同,打架只会使事情变得更糟糕,你们应该想办法解决问题。下面这些步骤会对你们有所帮助:

1 让每个人都说出自己的感受。

2 找出存在的问题。

3 讨论一下解决问题的不同方法。

4 选择一种大家都能接受的解决方法。

这本书中,孩子们通过商量解决了问题。读一读,学学他们解决问题的方法吧!

打败坏蛋

霍利、利亚姆、西奥和艾丽斯正在玩"外星人"的游戏,西奥和艾丽斯假扮外星人。

"带我去见你们的头儿!"艾丽斯命令道,"我们正在入侵你们的星球。"

这时，本和南森从操场对面冲过来，跑到霍利和利亚姆面前。他们把外套当成斗篷那样披着，衣襟在身后舞动。

"打败坏蛋！"本大喊一声。

"啪!啪!"南森喊完,指着西奥说:"你死了!"

"不,他没死!"艾丽斯不同意,"这是我们的游戏,你们不能参与!"

南森围着她转。"你也死了!"他嚷着,"打败坏蛋!"

本和南森尖叫着,先是一圈一圈地围着艾丽斯和西奥转,然后又冲向他们。西奥被推倒在地,哭了。

"西奥受伤了,快去告诉凯茜老师!"霍利叫道。

凯茜老师来了，孩子们七嘴八舌地说了刚才发生的事。

艾丽斯很生气。"他们捣乱，还把西奥推倒了。"她说。

"我们只是想玩玩！"本说，"我们没想伤害他！"
"但是，你推人就是不对！"艾丽斯说。

南森也加入进来。

"我们在玩'阻止坏人'的游戏。好人就要打败坏人,要不然坏人就得逞了。"他解释说。

西奥一边揉着膝盖,一边说:"但是我受伤了!"
凯茜老师点了点头。

"嗯……"凯茜老师说,"好人不能让坏人得逞,好人要打败坏人,然后有人就受了伤,是吗?"

大家都点了点头。

"好人除了打坏人之外,还能干什么?他们能不能用其他办法阻止坏人?"凯茜老师问道。

西奥很快想出了一个主意。
"他们可以抓住坏人。"他说。

霍利又补充说:"他们可以安全地抓住坏人……把坏人送进监狱。"

南森笑了,他用手指了指操场的一角,说:"好吧,就在那儿建个监狱吧!"

霍利、南森和利亚姆跑到墙角。
"就把这里当作监狱吧,用来关坏人。"霍利说。

西奥和艾丽斯慌忙跑开了。
"你们得先抓住我们!"西奥喊道。
现在,大家又开心地玩起来了。

迈克尔的飞机

迈克尔和本在手工区玩,迈克尔正用盒子做玩具。
"战斗机模型做好了!噗……"他说。
本模仿着他。

迈克尔和本大声喊着,冲到希塔和利亚姆面前,给他们看手里的战斗机。

"别这样,我不喜欢战斗机!"利亚姆不高兴地说,"我们正在做自己的模型。"

"我在向你开火!砰!砰!"迈克尔一边叫,一边拿着他的战斗机冲向希塔。希塔一把推开战斗机,它掉到地上,摔坏了。

"它摔坏了!"迈克尔喊道。

凯茜老师听见吵闹声,走了过来。

"她弄坏了我的战斗机。"迈克尔叫道。

希塔也很生气。"迈克尔向我开火,我讨厌他那么做。"她解释道。

利亚姆也有话要说。"我要干自己的事,但战斗机太吵人了。"他说。

"有人想玩战斗机,但打扰了别人,那该怎么办呢?"凯茜老师问道。

"我们可以制定这样一条规则:不能在手工区里玩战斗机!"希塔说。

本对她的建议一点儿也不赞成。"这不公平!"他抱怨着。

迈克尔想出了一个新主意。
"这样吧,"他说,"我们就在那边玩,不来这边。"

"好的。"希塔说。

"还有,请不要大声喧哗。"利亚姆补充了一句。

"没问题。"本也同意了。

希塔和利亚姆又回去做手工了。

"太棒了,你们自己解决了问题。"凯茜老师赞扬孩子们。

迈克尔开始制作一个新模型,他把想法都告诉了本。
"我要做一架喷气式战斗机,能开火射击的那种!嘟嘟嘟……"他笑了起来。

学会解决问题

当你玩得十分投入时,可能会忽略别人的感受。如果你玩的游戏会干扰别人,弄得别人不高兴,你就应该改变游戏方式,或者停止游戏。

如果发生了争执,打架绝对解决不了问题。应该让大家说说各自的感受,一起寻找恰当的解决方法。

图书在版编目（CIP）数据

不要打架 /（英）阿莫斯著；贾洪宝译. —— 北京：知识产权出版社，2016.1

（我能管好自己）书名原文：Why fight？

ISBN 978-7-5130-3305-3

Ⅰ. ①不… Ⅱ. ①阿… ②贾… Ⅲ. ①品德教育 — 儿童教育 — 家庭教育 Ⅳ. ① G78

中国版本图书馆 CIP 数据核字 (2015) 第 013670 号

First published in the United Kingdom by Cherrytree Books, 2000
Copyright©Evans Brothers Ltd.
This edition published under licence from Pila Books Limited.
This edition is only available for sale in Mainland China.

责任编辑：李 潇　　　　　　　　责任校对：谷 洋
装帧设计：于 静　　　　　　　　责任出版：刘译文

我 能 管 好 自 己 ⑬
不要打架
[英] 亚尼内·阿莫斯 著　　　[英] 安娜贝尔·斯彭斯利 绘
[英] 雷切尔·安德伍德 幼教顾问
贾洪宝 译

出版发行： 知识产权出版社 有限责任公司	网　　址：http://www.ipph.cn
社　　址：北京市海淀区马甸南村1号	邮　　编：100088
责编电话：010-82000860 转 8133	责编邮箱：elixiao@sina.com
发行电话：010-82000860 转 8101/8102	发行传真：010-82000893/82005070/82000270
印　　刷：北京中科印刷有限公司	经　　销：各大网上书店、新华书店及相关专业书店
开　　本：787mm×1092mm 1/16	字　　数：40 千字
版　　次：2016 年 1 月第 1 版	印　　张：2
ISBN 978-7-5130-3305-3	印　　次：2016 年 1 月第 1 次印刷
京权图字：01-2015-0597	定　　价：9.00 元

出版权专有 侵权必究
如有印装质量问题，本社负责调换。